Les colères
de la nature

écrit par **Rosie Greenwood**
traduit et adapté par **Jessica Fernet**

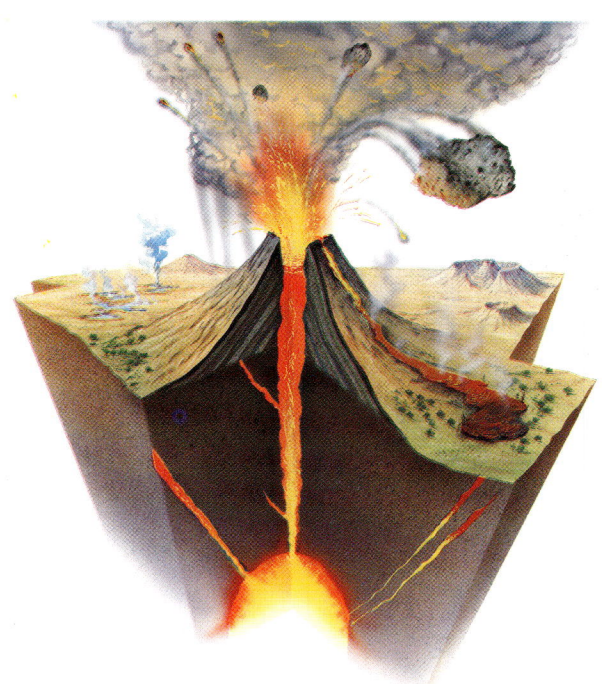

Édition originale parue sous le titre :
I Wonder Why Volcanoes Blow Their Tops
Première édition : Kingfisher 2004
Copyright © 2004 Kingfisher Publications plc, Londres
Auteur : Rosie Greenwood

Édition française :
Copyright © 2004, 2005, 2008 NATHAN
Copyright © 2009 NATHAN pour la présente édition
Responsable éditoriale : Véronique Herbold
Réalisation : Philippe Brunet / PHB
Traduction : Jessica Fernet
N° éditeur : 10154764
ISBN : 978-2-09-252340-7

Dépôt légal : mars 2009

Conforme à la loi n° 49-956 du 16 juillet 1949
sur les publications destinées à la jeunesse.

Imprimé à Taïwan

Illustrations :
(h = haut ; b= bas ; c = centre ; g = gauche ; d = droite)
Mark Begin 18 bg, Peter Dennis (Linda Rogers) 16b ;
Bill Donohoe 24hg, 25d, 26 ; James Field (SGA) 31 ;
Chris Forsey 4bg, 5, 6-7, 8-9, 12-13, 14-15c, 22-23,
24-25c ; Mike Lacey (SGA) 14bd, 21, 24g, 27bg, 29d ;
Simon Mendez 30-31c ; Roger Stewart 10 ;
Peter Wilkes (SGA) pour les dessins humoristiques.

SOMMAIRE

D'où viennent les éclairs ?

Un flot de lumière aveuglante zigzague dans le ciel. C'est la foudre, une étincelle géante qui démarre à l'intérieur d'énormes nuages d'orage. La foudre chauffe l'air qu'elle traverse, jusqu'à ce que celui-ci devienne plus brûlant que la surface du soleil – et il explose alors dans un coup de tonnerre assourdissant.

● Un nuage d'orage se charge d'électricité lorsque des vents violents agitent les gouttes d'eau, cristaux de glace et grêlons qu'il contient.

● En s'entrechoquant, les gouttes d'eau et les cristaux de glace se chargent d'une énorme quantité d'électricité statique, qui se libère dans les éclairs.

• Pour les Vikings, qui vénéraient le dieu Thor, la foudre se produisait quand il lançait son marteau, et le tonnerre était le bruit de son chariot.

Qu'est-ce qu'une boule de foudre ?

Lors de certains orages, des boules lumineuses flottent au-dessus du sol : ce sont des boules de foudre. Les scientifiques s'interrogent sur leur origine ; ce pourrait être des gaz brûlants libérés par la foudre au moment de l'impact.

• Si la foudre frappe une terre sablonneuse, la chaleur peut faire fondre le sable. En refroidissant, le sable se transforme en une sculpture qui représente le parcours de l'éclair.

• Lors d'un orage sur New York, la foudre a frappé l'Empire State Building quinze fois en 15 minutes.

Pourquoi les forêts brûlent-elles ?

Lors d'un été sec et chaud, quand la végétation est desséchée, un rien peut créer un incendie. Il suffit de la flamme d'un briquet pour transformer un arbre sec en torche.

Beaucoup de feux de forêt sont provoqués par des imprudents qui jettent une allumette mal éteinte. Le feu peut dévaster des centaines d'hectares de forêts en quelques heures.

● En 1997, les forêts d'Indonésie ont brûlé pendant des mois, provoquant une fumée asphyxiante au-dessus de l'Asie du Sud-Est.

● Bien que dévastateurs, les feux de forêt peuvent avoir des effets bénéfiques pour certaines plantes. Les banksias sont des arbustes australiens dont l'enveloppe des graines reste fermée jusqu'à ce que la chaleur du feu les ouvre.

Qui bombarde les incendies ?

Les pompiers utilisent souvent des Canadair, des avions spéciaux pour combattre le feu. L'avion frôle la surface d'un lac ou de la mer en aspirant des milliers de litres d'eau. Puis il survole l'incendie qu'il bombarde en déversant sur lui sa cargaison d'eau.

● En Australie, on dénombre chaque année jusqu'à 15 000 feux de broussailles.

Comment combat-on le feu ?

Un coupe-feu est une bande de terrain dénudé en aval de l'incendie, qui empêche les flammes d'avancer. Les pompiers provoquent parfois des mini-feux pour dégager le terrain.

Quand le vent devient-il bourrasque ?

Plus le vent souffle vite, plus il est dangereux. L'échelle de Beaufort mesure sa vitesse – de 0 à 16 – selon ses effets au sol.

Un vent de force 3 est une petite brise qui souffle de 12 à 19 km/h et agite les feuilles. Un vent de force 7 est une bourrasque de 50 à 61 km/h, capable de faire ployer les arbres.

● Un vent de force 10 (89 à 102 km/h) peut déraciner les arbres. Les tempêtes sont de force 11, les ouragans de force 12.

● En mars 1993, la côte est du Canada et des États-Unis a été frappée par une tempête de neige de la force d'un ouragan. En décembre 1999, la France a connu une tempête qui a causé d'importants dégâts.

Les blizzards sont-ils dangereux ?

Les vents glacés qui décuplent la force des tempêtes de neige sont appelés blizzards. D'énormes congères paralysent alors la circulation et empêchent les gens d'aller au travail ou à l'école.

● En 1959 en Californie, une tempête de neige a créé une congère de 4,5 mètres d'épaisseur.

Pourquoi tirait-on sur les nuages ?

Les grêlons peuvent parfois atteindre la taille d'une balle de tennis. Dans certains pays, les fermiers cherchaient à protéger leurs cultures en tirant au canon dans les nuages pour libérer la grêle. L'efficacité n'a pas été prouvée scientifiquement.

● En 1882 dans l'Iowa, aux États-Unis, on a trouvé deux grenouilles, aspirées par une tornade, dans des grêlons !

Quels dégâts un cyclone peut-il causer ?

À plus de 117 km/h, les cyclones sont les tempêtes les plus dévastatrices du monde. Ils naissent au-dessus des mers tropicales et, si le cyclone atteint le rivage, il peut détruire forêts et maisons, renverser les voitures et même projeter les bateaux hors de l'eau.

● Les cyclones s'accompagnent de pluies torrentielles et de hautes vagues qui inondent les côtes. Au-dessus des terres, les vents perdent vite de leur puissance.

Où se trouve l'œil d'un cyclone ?

L'œil d'un cyclone est la zone centrale calme et sans nuages d'orage. Les vents furieux tourbillonnent en spirale autour de cet œil.

● On donne un nom à chaque cyclone. En général, le premier de l'année commence par un A, comme le cyclone Alice. Le second par un B, etc. Un très petit nombre d'entre eux commencent par les lettres X, Y ou Z.

● Des avions météo aident les scientifiques à repérer les cyclones, afin de prévenir leurs effets dévastateurs.

Quelle différence y a-t-il entre un ouragan, un typhon et un cyclone ?

Ces trois mots désignent tous le même phénomène. « Ouragan » est utilisé en Amérique du Nord et du Sud, « typhon » en Asie, et « cyclone » en Australie et en Inde.

Quel vent peut couler un navire ?

Les ouragans sont aussi dangereux sur mer que sur terre. Ils peuvent soulever des vagues de 30 mètres de haut. Si l'une de ces vagues monstrueuses s'écrase sur un navire, même très gros, elle peut le faire sombrer en quelques minutes.

Comment les marins savent-ils qu'un orage approche ?

Les scientifiques utilisent des avions, des bateaux et des satellites pour prévoir le temps. L'information arrive ensuite par la télévision et la radio. Les marins écoutent les prévisions très régulièrement.

Des bourrasques combinées à de fortes marées peuvent inonder les côtes, menacer la vie des gens et endommager les maisons.

Quels bateaux sont insubmersibles ?

Les bateaux de sauvetage secourent les naufragés. Les plus modernes résistent aux tempêtes : si une vague en retourne un, il est capable de se redresser seul.

Pourquoi les tornades sont-elles dangereuses?

Les tornades sont des tourbillons qui naissent dans les énormes nuages d'orage. Elles descendent vers la Terre et aspirent tout sur leur passage, tel un monstrueux aspirateur. Elles sont moins étendues qu'un ouragan, mais tout aussi dévastatrices.

● L'endroit le plus fréquenté par les tornades s'appelle Tornado Alley, une bande de terre qui traverse plusieurs États américains.

Qu'est-ce qu'une colonne d'eau?

Si une tornade se forme sur un lac ou sur la mer, elle aspire une colonne d'eau. Quand le vent cesse, l'eau retombe comme une bombe.

● S'il pleut des poissons, c'est parce qu'une tornade les a aspirés dans une colonne d'eau depuis un lac ou la mer.

Où peut-on voir un diable ?

L'air chaud tourbillonnant dans le désert peut soulever la poussière et le sable à 150 mètres de hauteur. C'est un diable de poussière.

Où le vent peut-il enlever la peinture d'une voiture ?

Une tempête de sable dans le désert balaie tout sur son passage et s'attaque aux matériaux les plus durs, comme la peinture des voitures. C'est d'ailleurs du fait de sa dureté qu'on utilise le sable pour poncer le bois ou polir les pierres.

● Il arrive souvent que le fœhn, vent du sud chaud et sec, apporte dans les Alpes du sable du désert situé à des milliers de kilomètres.

Où des plaines fertiles sont-elles devenues un désert ?

Dans les années 1930, une catastrophe a sévi pendant dix ans dans les plaines du centre des États-Unis. Des sécheresses répétées ont transformé le sol en poussière, recouvrant les maisons et obligeant les habitants à fuir.

Les peintures rupestres révèlent que le Sahara était autrefois une terre verdoyante où paissaient girafes et éléphants.

Comment un « enfant » peut-il tout détruire ?

Les courants chauds et froids des océans influencent le climat de la planète. Dans l'océan Pacifique, le courant froid La Niña (« fillette » en espagnol) va vers l'ouest, de l'Amérique du Sud en Indonésie. Mais tous les trois ou sept ans, le courant chaud El Niño (« garçonnet ») va dans la direction opposée. Parfois, El Niño souffle si fort qu'il entraîne sécheresse, ouragans et inondations, de l'Alaska jusqu'en Australie.

La Niña a un effet contraire à celui d'El Niño. En Australie et en Indonésie, elle apporte la pluie et profite aux cultures.

Quand la boue peut-elle couler ?

Si des pluies torrentielles s'abattent sur les pentes d'une montagne, elle peuvent transformer le sol en une boue liquide, qui s'amasse en un énorme torrent, dévalant la montagne et noyant tout sur son passage.

● Les eaux sont montées si vite en février 2000, lors de la crue éclair qui a dévasté le sud du Mozambique, que les gens n'ont pu que se réfugier sur le toit des maisons ou au sommet des arbres en attendant les secours.

Qu'est-ce qu'une crue éclair ?

Comme son nom l'indique, une crue éclair se produit très rapidement. Des pluies torrentielles peuvent faire gonfler une rivière, qui déborde alors de son lit et inonde la campagne alentour.

18

● L'explosion d'un volcan colombien en 1985 a fait fondre la neige qui le recouvrait et provoqué des coulées de boue qui ont enseveli une ville entière.

● Les coulées de boue peuvent dévaler une colline à près de 100 km/h.

● Le Déluge de la Bible a pu se produire quand la Méditerranée s'est engouffrée par une bande de terre, faisant d'un lac la mer Noire.

Des inondations bénéfiques ?

Quand les rivières sortent de leur lit, elles transportent des sédiments qui fertilisent le sol. Les Égyptiens de l'Antiquité ont bâti leur civilisation grâce à l'étroite bande de terre rendue fertile par les crues annuelles du Nil, tandis que le reste du pays était un désert.

La neige peut-elle se déplacer à 300 km/h ?

La neige peut se détacher d'une montagne, dévaler les pentes à toute vitesse et s'écraser en bas. C'est une avalanche, déclenchée par un tremblement de terre ou par un skieur. Certaines avalanches se déplacent aussi vite qu'un train, rugissent plus fort que mille lions et ensevelissent villages, routes et chemins de fer.

● Il ne faut pas chanter fort à la montagne ! Le bruit peut aussi déclencher une avalanche.

● Pendant la Première Guerre mondiale, les soldats tiraient des coups de feu pour déclencher des avalanches.

Qui sauve les victimes d'avalanche ?

Une équipe de secours en montagne comprend toujours un chien d'avalanche. Grâce à leur flair aiguisé, les chiens savent repérer les personnes ensevelies. Dès qu'ils détectent une présence sous la neige, ils creusent pour libérer la victime.

Comment se produit un glissement de terrain ?

Les avalanches et les glissements de terrain sont plus fréquents dans les régions sans arbres. Les arbres, en ancrant leurs racines profondément dans le sol, retiennent la terre et l'empêchent d'être emportée.

Quels dommages cause un tremblement de terre ?

Un faible tremblement de terre fait trembler le sol. Plus puissant, il peut soulever des maisons et des constructions. Les plus dévastateurs déplacent des montagnes, changent le cours des rivières et raient des villes entières de la carte.

● Selon une légende japonaise, c'est Namazu, un poisson-chat géant, qui déclenche les tremblements de terre.

● La surface de la Terre est un immense puzzle de gigantesques plaques flottant sur le magma. La plupart des tremblements de terre sont causés par le choc de ces plaques entre elles.

Quand la terre devient-elle liquide ?

Dans certaines régions humides, un tremblement de terre peut rendre le sol liquide. Les maisons s'enfoncent alors dans le sol et restent coincées quand la terre se solidifie à nouveau.

Comment mesurer un tremblement de terre ?

Un instrument scientifique appelé sismographe permet de mesurer la puissance d'un tremblement de terre et d'en repérer l'épicentre, c'est-à-dire l'endroit de la surface de la Terre où sa force est la plus grande. Un stylet, relié à un poids, enregistre les vibrations du sol sur une bande de papier fixée à un rouleau qui tourne sur un axe.

● On utilise le laser pour mesurer les mouvements du sol et prévoir les tremblements de terre.

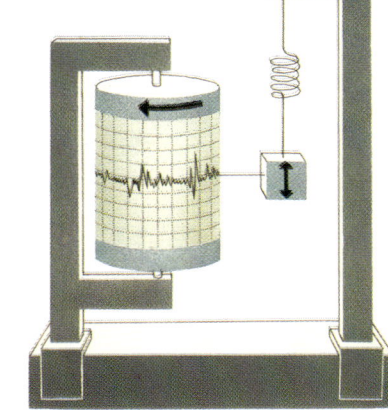

Quelles montagnes crachent du feu ?

Si l'on voit d'énormes nuages brûlants jaillir d'une montagne, c'est certainement un volcan en éruption. Les volcans les plus violents explosent comme des bombes, éjectant des nuages de cendres, des blocs de roche et des ruisseaux de lave en fusion.

Pourquoi les volcans entrent-ils en éruption ?

À l'intérieur du volcan se trouve une vaste cavité. La roche incandescente et les gaz se mélangent et, sous l'effet d'une énorme pression, sont projetés vers l'extérieur.

● Les spécialistes des volcans sont des vulcanologues – d'après Vulcain, le dieu romain du feu.

Où peut-on voir des rivières de lave ?

Parfois, la lave s'écoule le long des flancs du volcan. La roche en fusion peut dépasser la température de 1 000 °C et rattraper dans sa descente un homme qui court.

● Les volcans sont très dangereux ; les nuages de cendres peuvent même se charger d'électricité et produire des éclairs.

Qu'est-ce qu'une avalanche de cendres ?

Les cendres volcaniques peuvent être plus dangereuses que la lave. Les nuages de cendres dévalent parfois la pente d'un volcan comme une avalanche et brûlent, font bouillir ou fondre tout ce qu'ils trouvent sur leur chemin.

● Les volcans transforment parfois le climat en projetant des nuages de cendres qui cachent la lumière du soleil. En 1815, l'éruption du mont Tambora, en Indonésie, a provoqué une dégradation du climat dans le monde entier.

● En 1991, une avalanche de cendres à la suite de l'éruption du mont Pinatubo, aux Philippines, a tout détruit sur 17 kilomètres alentour.

Quel volcan a enseveli une ville romaine ?

Lors de l'éruption du Vésuve en l'an 79 en Italie, la ville de Pompéi s'est trouvée ensevelie sous 6 mètres de cendres. Cette couche s'est figée puis solidifiée, recouvrant les maisons et les habitants. L'ancienne ville romaine de Pompéi n'a été mise au jour qu'en 1860.

● L'Islande, qui a un climat très froid, compte des centaines de volcans. La lave y a même provoqué des incendies !

Comment un volcan peut-il être utile ?

La cendre volcanique peut avoir des effets positifs, comme celui d'enrichir la terre. Les agriculteurs ont ainsi des récoltes exceptionnelles.

Combien peut mesurer une vague ?

Les vagues produites par un raz de marée (encore appelé tsunami) peuvent atteindre 20 mètres de hauteur lorsqu'elles déferlent sur le rivage. La plus grosse vague enregistrée a dépassé 85 mètres.

● Un raz de marée peut progresser sur l'océan à 1 000 km/h – aussi vite qu'un avion de ligne.

● C'est probablement un raz de marée qui a englouti la civilisation minoenne en Crète (île grecque) il y a 3 500 ans. Les historiens pensent que des vagues de 40 mètres de haut ont balayé les villes côtières et toute la flotte minoenne.

Comment se forme un raz de marée ?

À la différence des vagues créées par le vent, la plupart des raz de marée naissent au fond de l'océan. Tremblements de terre sous-marins, glissements de terrains et éruptions volcaniques sont assez violents pour les déclencher.

● Lorsqu'un volcan a détruit l'île indonésienne de Krakatoa en 1883, il y eut tellement de pierres déversées dans la mer qu'un raz de marée s'est formé. Un bateau a même été projeté dans la jungle de Sumatra, l'île voisine.

Pourquoi les météorites sont-elles dangereuses ?

La terre est la cible constante de météorites. La plupart ne sont pas plus grosses qu'un caillou et se consument en traversant l'atmosphère. Mais de temps à autre, une grosse pierre s'écrase sur terre en formant un cratère.

● On appelle météorites les pierres qui viennent de l'espace et s'écrasent sur la Terre.

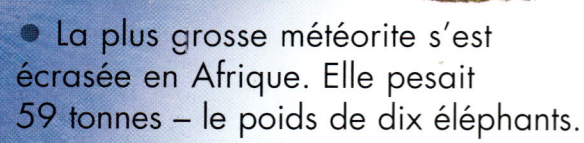

● La plus grosse météorite s'est écrasée en Afrique. Elle pesait 59 tonnes – le poids de dix éléphants.

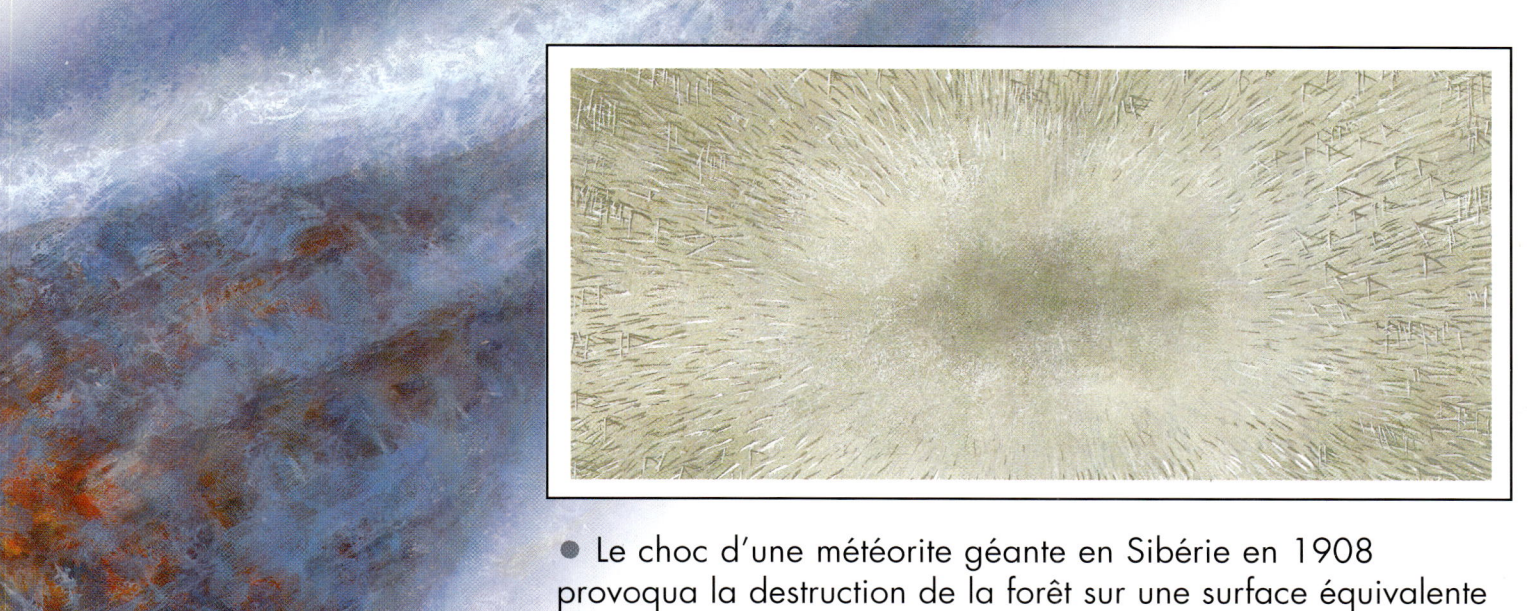

● Le choc d'une météorite géante en Sibérie en 1908 provoqua la destruction de la forêt sur une surface équivalente à celle d'une ville.

Quel a été le plus grand désastre sur Terre ?

Selon les scientifiques, c'est l'explosion d'une météorite géante qui a tué les dinosaures il y a 65 millions d'années. La poussière produite par le choc a caché le soleil pendant des mois. Sans lumière, les plantes sont mortes. Le froid et la faim ont tué les dinosaures herbivores, puis les carnivores.

● Un jour, le Soleil se transformera en une énorme étoile rouge qui fera bouillir toute l'eau sur la Terre. Mais ce sera dans 5 milliards d'années !

Index